DANS
UN PASSAGE

COMÉDIE EN UN ACTE, MÊLÉE DE CHANT

PAR

M. ERNEST ADAM

Représentée pour la première fois sur le théâtre d'amateurs de la *Société Dramatique*, sis à Paris, boulevard Clichy, 48, le 10 novembre 1866.

LIBRAIRIE DES AUTEURS

10, RUE DE LA BOURSE, 10

—

1867

A MON PÈRE

PARIS. — TYPOGRAPHIE MORRIS ET COMPAGNIE

rue Amelot. 64.

DANS UN PASSAGE

COMÉDIE EN UN ACTE, MÊLÉE DE CHANT

PAR

M. ERNEST ADAM

Représentée pour la première fois sur le théâtre d'amateurs de la *Société Dramatique*, sis à Paris, boulevard Clichy, 48, le 10 novembre 1866.

LIBRAIRIE DES AUTEURS

10, RUE DE LA BOURSE, 10

—

1867

PERSONNAGES

—

LE BARON DE LUCENAY....... ....   M. Victor Desroches.

MADAME DELAUNAY ....   Mlle Fischer.

(*L'action se passe de nos jours*).

DANS UN PASSAGE

———

Le théâtre représente une galerie latérale du passage des Panoramas.

—

SCÈNE PREMIÈRE

DE LUCENAY, *entrant en courant, à la cantonade.*

Butor! maladroit! (*Il frotte son habit.*) C'est étonnant! les trottoirs sont cependant assez larges... Ces maçons le font exprès! (*Il tire sa montre.*) Deux heures moins dix! monsieur Durand m'a donné rendez-vous à deux heures. Donner rendez-vous dans un passage à un futur, pour le mener à une présentation, c'est assez... Enfin!... J'ai donc dix minutes à attendre... Dix minutes! cela me paraît original d'attendre pour le bon motif... Après cela, j'ai assez posé pour le mauvais... ça me change... Si je fumais un cigare... Mais le puis-je? L'odeur... Bast!... une veuve... elle doit connaître le feu... (*Il allume son cigare.*) Car elle est veuve... vingt-deux ans... Son mari a été un père pour elle... Cela se dit toujours, ces choses-là. Quelle drôle d'idée il a eue là, monsieur Durand, de vouloir me marier! « Vous commencez à vieillir, m'a-t-il dit, il faut faire une fin... vous n'avez pas de famille, pas d'affection...» J'en ai plus que jen'en veux, des affections. Et alors éloge pompeux de sa jeune veuve... Jolie, élégante, riche, instruite... toutes les qualités... Avant, c'est toujours un ange... puis après, l'ange devient un diable... à griffes roses... mais enfin c'est toujours un diable. J'ai promis de voir... la vue n'en coûte rien... et cela fait plaisir à un ami... Je refuserai et je reprendrai ma chère indépendance. Allons ! mon cigare est éteint !... (*Il regarde sa montre.*) Deux heures, et pas de Durand... On dit que l'exactitude est la politesse des rois ; elle n'est pas celle des amis, alors. Durand est-il capable de juger une femme?... Pourquoi pas ? (*Passe un fumeur.*) Ah ! monsieur ! psst, un peu de feu. (*Il salue.*) Merci ! Comme le cigare entretient la politesse et l'égalité : on partage son feu... et on se salue... on finit même par se connaître et se lier... quand on est habitué du même boulevard... tout cela, grâces au cigare, un ami méconnu, qui charme les ennuis de l'attente, qui vous console dans vos mauvais jours.

AIR : Tout tourne, tourne.

Enfant léger des colonies,
Ami toujours consolateur,
Viens, dans mes longues insomnies,
Viens m'enivrer de ta saveur.
Oui, ta feuille à peine allumée
Prête à tout de riants atours...
Allez, bienfaisante fumée,
Allez, montez, montez toujours !

Lorsque ta vapeur tourbillonne,
Je suis bien plus heureux qu'un roi,
Car je crains peu que ma couronne
Se brise et croule autour de moi.
Comme ta vapeur parfumée
S'exhale en gracieux contours!...
Allez, bienfaisante fumée,
Allez, montez, montez toujours !

... Cet animal de Durand ne vient pas... (*Il regarde.*) Une dame qui a un joli pied, là-bas... aussi elle le montre... Voulez-vous vous taire, libertin, et ne pas regarder... Pourquoi pas ? je ne suis pas encore marié... Elle ne paraît pas bien farouche... Allons! à la rescousse... cela me fera passer le temps... (*Il sort.*)

SCÈNE II

MADAME DELAUNAY, *entrant; elle regarde.*

Il a perdu ma trace, ce monsieur... Tant mieux... il me poursuivait en me faisant des compliments sur ma jambe...

« J'en ai deux, monsieur,» lui ai-je répondu... « après? »...
et je me suis sauvée... C'est bien ici que j'ai rendez-vous avec
monsieur Durand... à deux heures et demie... Je dois aller
dans une maison où l'on me présentera un jeune homme...
un jeune homme un peu mûr... trente-huit ans... mais il est
charmant, dit-on. Un homme à bonnes fortunes... il doit être
bien infatué de son mérite... Il me faut un protecteur,
m'a-t-on dit; je suis trop jeune pour vivre seule...

Air : *Madame, ah! madame, plaignez mon tourment!* (Barbe-
Bleue.)

La mélancolie
Aux sombres atours
Dit son homélie
A mes plus beaux jours.
Son charme m'entraîne,
Je veux la chasser ;
Espérance vaine !
J'y dois renoncer.
Que la nuit soit belle,
Que le ciel soit noir,
Toujours la cruelle
Montre son pouvoir.
Au passé je rêve,
Mais c'est vainement,
Il n'est pas de trêve,
D'adoucissement
Aux folles pensées
Qu'un songe vainqueur
Peut voir entassées
Au fond de mon cœur !
Ah! mais je suis bien bonne,
Bien bonne en vérité,
De subir tout ce qu'ordonne
La fatalité.
Oui, je lui ferai faire
Volte-face ici,
Et dans cette affaire,
Je veux, je veux rire aussi.
Allons, soyons femme,
Et quand l'avenir
Arrive et réclame
Joyeux souvenir,
Plus de résistance,

Laissons murmurer
Toute l'espérance
Qui vient m'enivrer.
Quand toute la vie
Je crierais : Hélas!
Passé que j'envie
Ne renaîtrait pas.
  Non! non! non!
Donc plus de tristesse,
Et que la gaîté,
A grande vitesse,
Oui, vienne à mon côté.
La vie est un rêve
Où l'illusion
Chaque jour soulève
Un nouveau rayon;
Bah! coûte que coûte,
Laissons les amours
Embellir la route,
Et rêvons toujours!   } *Bis.*

Monsieur Durand qui ne vient pas... c'est désagréable... Me donner rendez-vous dans ce passage... cela n'est pas convenable... les passants vont me prendre pour ce que je ne suis pas... J'ai peut-être tort de me remarier... j'étais si heureuse, si libre... Enchaîner sa liberté... Enfin... ce n'est pas encore fait... nous verrons... Il n'a qu'à se bien tenir, monsieur... je ne sais même pas son nom... je vais l'éplucher.

SCÈNE III

MADAME DELAUNAY; DE LUCENAY, *rentrant.*

DE LUCENAY.

Pas de chance! j'ai perdu sa trace au tournant de la rue Vienne... Quelles jambes et quelle tournure!... La figure devait être charmante. (*Apercevant madame Delaunay*) Je ne me trompe pas... quel heureux hasard !... c'est elle... elle a l'air d'attendre quelqu'un ; c'est peut-être son mari... Bast ! qui ne risque rien n'a rien... j'ai été battu tout à l'heure, prenons une revanche éclatante. (*Il s'approche d'elle et la salue.*) Madame (*Madame Delaunay se détourne*), j'ai été tout à l'heure bien mal... adroit, et je vous prie d'accepter mes excuses...

MADAME DELAUNAY.

Je les accepte, monsieur. (*Elle s'incline.*)

DE LUCENAY, *à part.*

Elle n'est pas causeuse. (*Haut.*) Vous attendez quelqu'un, madame?.. L'homme qui fait attendre une si adorable femme n'est réellement pas galant...

MADAME DELAUNAY.

Qui vous dit que j'attends un... monsieur? je vous trouve assez... curieux...

DE LUCENAY.

C'est vrai! (*A part.*) Diable! elle a encore la seconde manche... Ah! tant pis, il faut brûler ses vaisseaux, elle est charmante... et... (*Haut.*) C'est peut-être un mari, madame?... les maladroits n'en font jamais d'autres...

MADAME DELAUNAY.

Justement, monsieur, j'attends... mon mari... et je vous prie de me laisser... S'il nous trouvait ensemble.

DE LUCENAY.

Vous avez raison... toujours raison... madame... je ne fais que des sottises... Seulement, moi, si j'avais eu le bonheur d'être votre époux... je vous jure que ce n'est pas vous qui attendriez... Ah! si ma femme...

MADAME DELAUNAY, *vivement.*

Vous êtes marié?

DE LUCENAY.

Nullement! mais on veut me marier... et je ne désire
qu'une chose... c'est que celle qu'on me destine vous
ressemble... qu'elle possède votre figure, votre taille,
vos...

MADAME DELAUNAY.

Mais c'est une déclaration que vous me faites là ?

DE LUCENAY.

Vous croyez... mais non... je vois une jolie femme, je...
cause... une simple causerie, madame... Pourvu que
Durand ne vienne pas !

MADAME DELAUNAY.

La personne que vous attendez se nomme... Durand?

DE LUCENAY.

Vous le connaissez?

MADAME DELAUNAY.

Une simple ressemblance de nom, probablement... Que
fait ce...

DE LUCENAY.

Ancien notaire... et marieur enragé... Il a eu des malheurs...(1)

Air : *Connaissez mieux le grand Eugène.*

Les premiers jours de son ménage
Virent un ciel tout parsemé d'azur,
Puis, lentement, ce splendide mirage
Devint moins clair et tout à fait obscur...
De clair d'abord le ciel devint obscur.
Mais Durand est un philanthrope,
Et s'il conquit des attributs charmants,
Il veut que tous les hommes en Europe
Aient à leur tour les mêmes agréments!

Aussi ce n'est pas encore fait.

MADAME DELAUNAY.

Toutes les femmes ne sont pas des madame Durand.

DE LUCENAY.

Non... mais...

MADAME DELAUNAY.

Vous avez mauvaise opinion des femmes, monsieur...

DE LUCENAY.

Que voulez-vous, madame? c'est elles qui en sont
cause.

MADAME DELAUNAY.

Vous êtes fat! un défaut de plus... et vous voulez vous
marier?

DE LUCENAY.

Je ne veux pas... on veut... ce n'est pas du tout la même
chose... (*La regardant.*) Une seule personne pourrait... peut
être... me faire changer d'avis...

MADAME DELAUNAY.

Vraiment... Vous êtes amoureux?

DE LUCENAY.

Depuis dix minutes.

MADAME DELAUNAY.

Encore?... Ah! monsieur! nous ne nous connaissons nullement... Vous m'avez suivie... vous attendez un ami... moi aussi... nos positions à peu près semblables m'ont fait vous écouter... On nous a oubliés tous les deux... En vous écoutant... j'ai peut-être eu tort .. Adieu, monsieur, nous nous quittons... et... ne nous reverrons probablement jamais.

DE LUCENAY.

Ah! madame, je vous en prie... je vais vous laisser la place... et me retirer.

MADAME DELAUNAY.

Non, non, monsieur. . la personne que j'attends est trop en retard... trois heures moins le quart... je rentre... Adieu... ne me suivez pas... je vous le défends. (*Elle sort.*)

SCÈNE IV

DE LUCENAY, *seul.*

Décidément... c'est une vraie déroute... je suis complétement battu... Et ce Durand qui ne vient pas. C'est sa faute... il me le payera... Ah! Lucenay, mon ami, vous vieillissez... il est temps de faire une fin... Vous vous êtes laissé bafouer comme un novice... et par qui?... Elle attendait son mari... Je suis sûr que ce n'est pas un mari qu'elle attendait... Elle n'a pas l'air comme il faut, cette dame... Bon! voilà que le dépit me fait dire des bêtises... car elle est charmante... adorable... (*Il regarde au fond.*) Que vois-je?... elle.. elle revient... évitons-la... (*Il sort.*)

SCÈNE V (2)

MADAME DELAUNAY, *seule*.

Air nouveau.

Maudite pluie!... ah! la maudite pluie!
Qui ne s'est pas ralentie...
Et qui dans ce passage, ouvert à tout venant,
Me contraint à prendre demeure...

(*Elle se promène pendant une grande ritournelle.*)

Où donc est ce monsieur que j'ai vu tout à l'heure?...
Il n'était pas trop mal, mais trop entreprenant.

Ah! si j'étais coquette,
Je crois bien qu'aisément
Je ferais la conquête
De ce prince charmant!

Pauvres femmes que nous sommes,
Nous montrons, en vérité,
Toujours trop de sincérité...
Et voilà pourquoi les hommes,
Et les hommes les meilleurs,
Deviennent méchants et trompeurs!
Mais c'est égal, mais c'est égal,
Malgré tout leur art infernal...

Ah! si j'étais coquette, etc.

SCÈNE VI

LA MÊME, DE LUCENAY.

DE LUCENAY.

Je ne puis m'en aller... un véritable déluge... Si au

moins... (*Il allume un cigare.*) Prenons patience... (*Il aper-
çoit madame Delaunay.*) Décidément, madame, les cieux sont
pour moi... nous voici prisonniers ensemble...

MADAME DELAUNAY.

Il est impossible de braver un tel déluge... Croyez que le
temps seul...

DE LUCENAY.

Je le bénis... Mais enfin... puisque le hasard... le temps...
les circonstances nous rassemblent... permettez-moi, madame... Ah! pardon! la fumée vous gêne peut-être? En ce
cas...

MADAME DELAUNAY.

Vous êtes ici dans un endroit public... Fumez, monsieur,
vous êtes libre.

DE LUCENAY, *jetant son cigare.*

C'est répondre en femme, c'est-à-dire pas du tout... Êtes-
vous mariée, madame?

MADAME DELAUNAY.

Pourquoi cette question?... Que vous importe?

DE LUCENAY.

Il m'importe beaucoup... vous allez voir...

MADAME DELAUNAY.

Eh bien! non, monsieur... je ne le suis pas... Vous voyez
que je me prête à votre badinage...

DE LUCENAY.

Pour laisser... passer le mauvais temps... Où demeurez-
vous, madame?

MADAME DELAUNAY.

Vous êtes trop indiscret...

DE LUCENAY.

Vous ne voulez rien me dire? Soit... je suis élève de Des-
barolles, je devinerai tout... Vous êtes veuve... vous avez
vingt ans... et vous désirez vous remarier.

MADAME DELAUNAY.

Vous êtes sorcier... mais vos astres vous ont trompé... Je
ne désire pas me remarier... on me le conseille.

DE LUCENAY.

On a bien tort... Quand on est libre, madame, comme
vous, jolie, comme vous, et surtout veuve, comme vous....
je ne comprends pas qu'on aille de gaieté de cœur aliéner
sa liberté.

MADAME DELAUNAY.

Eh bien ! et vous, monsieur?

DE LUCENAY.

Moi, c'est bien différent... je commence à vieillir... je suis
seul au monde... riche... J'ai usé de la vie en philosophe...
en touriste... une fois ici... une fois là... J'ai eu beaucoup les
femmes des autres... je voudrais un peu en avoir une à
moi. .

MADAME DELAUNAY.

Mais vous avez des amis?

DE LUCENAY.

De simples connaissances... Elles m'ont toutes pris mon
argent... qu'elles ne m'ont jamais rendu... et mes maî-
tresses... qu'elles me rendaient toujours... Des amis... quand
on est riche... on n'a pas d'amis... ou si peu. .

MADAME DELAUNAY.

vous êtes décourageant, monsieur...

DE LUCENAY.

Du tout, madame, je suis vrai... A dix-huit ans j'étais orphelin et millionnaire... j'avais un nom... un titre... Cela ne sert plus à rien, maintenant... je le savais... mais je savais aussi que cela fait bien dans les boudoirs de nos petites dames et dans les salons de nos grandes... Le baron de Lucenay... Hector de Lucenay... Hector... par exemple... je ne sais pas pourquoi... Un de mes ancêtres aura assisté à la guerre de Troie... et en aura rapporté cet atroce prénom... (*Avec emphase.*)

Hectore qui redit exuvias...

Allons, bon! je parle latin. Alors Durand m'a dit qu'il ne fallait pas laisser périr mon nom... et il veut me marier à une veuve.

MADAME DELAUNAY.

Monsieur Durand est sage et me paraît de bon conseil. Est-elle jolie... cette dame?...

DE LUCENAY.

Je ne sais pas... je devais lui être présenté aujourd'hui... Son mari était plus âgé qu'elle... elle a été très-peu mariée... Elle est belle, dit-on, et bonne..., mais une veuve...

MADAME DELAUNAY.

Vous n'aimez pas les veuves, monsieur?

DE LUCENAY.

J'ai encore une théorie... là-dessus... Les veuves, pour moi, ont un défaut capital... Diable! mais c'est scabreux... ce que je vais dire là...

MADAME DELAUNAY.

Je suis veuve, monsieur, et je vous prie... de me faire
savoir les graves et puissants griefs que vous pouvez avoir
contre nous...

DE LUCENAY.

C'est bien simple... Si votre première union a été heureuse... si vous aimiez votre premier mari... le second doit
perdre à la comparaison... si... au contraire, vous avez été
malheureuse ou tyrannisée par le défunt... vous éprouvez
le besoin de vous venger sur son successeur.

AIR : Vaudeville de *la Haine d'une femme.*

Oui, madame, le mariage,
Dont on vante ou maudit les lois,
Est un éblouissant voyage
Lorsque l'on part pour la première fois.
Mais souvent — si l'on recommence
Cette pérégrination —
Le sort trahit notre espérance,
Et le soleil, plein d'inconstance,
Ne jette plus qu'un bien pâle rayon
Sur la seconde édition !

Mais je bavarde, madame... le temps s'éclaircit... et je vais
tâcher de vous trouver une voiture.

MADAME DELAUNAY.

Malgré vos injustes préventions contre les veuves, j'accepte
votre offre... et vous en remercie.

DE LUCENAY.

Je cours, madame, espérant que vous me permettrez de
vous déposer chez vous en passant... C'est ma voiture que
je vous offre... car j'irai gronder Durand de m'avoir fait
attendre.

MADAME DELAUNAY.

Vous êtes galant. . monsieur de Lucenay... Si les nobles

barons, vos ancêtres, qui se sont battus dix ans pour une femme, vous entendaient dire à une dame avec qui vous avez causé dix minutes en attendant votre ami, que vous vous êtes ennuyé en sa compagnie... ils vous maudiraient... et vous renieraient...

DE LUCENAY.

Peut-être, madame ; je n'ai pas dit que je me fusse ennuyé... et je gronderai mon ami parce qu'il m'a rendu le mariage impossible.

MADAME DELAUNAY.

Et comment cela?...

DE LUCENAY.

Je vous ai vue... alors...

MADAME DELAUNAY.

Allez me chercher une voiture... D'ailleurs je suis veuve, et vous venez de me faire une profession de foi trop catégorique.

DE LUCENAY.

Les professions de foi sont faites pour ne jamais être suivies.

MADAME DELAUNAY.

Oui... oui... on prend les pigeons à l'appât... et quand ils sont pris... on les mange... Je ne me sens aucune disposition à être votre victime... Vous qui avez tant aimé... prenez une de vos anciennes... partenaires.

DE LUCENAY.

Merci... je ne fais jamais deux fois de suite la même route.

MADAME DELAUNAY.

Et vous voulez vous marier ? Vous n'êtes pas encore mûr
pour le mariage, monsieur de Lucenay.

DE LUCENAY.

Vous êtes cruelle, madame...

MADAME DELAUNAY.

Je suis juste... En effet, le mariage est un sentier où il
faut marcher chaque jour, en évitant les ornières... bien
entendu... Vous y tomberiez à toute heure...

DE LUCENAY.

Avec un guide intelligent... on s'en tire...

MADAME DELAUNAY.

Allons! allez me chercher...

DE LUCENAY.

Une voiture... c'est convenu.. (*Fausse sortie.*) Ainsi, rien
ne peut vous tenter?

MADAME DELAUNAY.

Non ! rien !

DE LUCENAY.

Eh bien! vous serez la cause d'un malheur!... je vais
aller trouver Durand, je le provoquerai, nous nous battrons,
je le tuerai ou il me tuera... ou bien encore j'épouserai
madame Delaunay, et je la rendrai malheureuse!

MADAME DELAUNAY.

Vous dites?... J'ai mal entendu? Le nom que vous venez de prononcer?...

DE LUCENAY.

Madame Delaunay... c'est la veuve qu'on veut me faire épouser... un ange, à ce que l'on dit... La connaissez-vous?

MADAME DELAUNAY.

Un peu... beaucoup même... et je lui rendrai compte de vos charitables intentions à son égard.

DE LUCENAY.

N'oubliez pas de lui dire en même temps que c'est vous, vous seule, qui serez la cause de son malheur.

MADAME DELAUNAY.

Allons! monsieur, il faut que je m'en aille... vous m'avez offert vos services... je les ai acceptés... il ne pleut plus...

DE LUCENAY.

Et je vais vous chercher une voiture. (*Il sort.*)

SCÈNE VII

MADAME DELAUNAY, *seule.*

Cette rencontre est singulière. Est-ce que monsieur Durand l'aurait fait exprès?... C'est une drôle d'idée... Il n'est pas

mal, ce monsieur de Lucenay... (*songeuse*) mais il est bien
paradoxal... il n'a jamais aimé, puisqu'il plaisante... D'a-
bord il n'aime pas les veuves; c'est dommage.

SCÈNE VIII

MADAME DELAUNAY, DE LUCENAY.

DE LUCENAY.

La voiture est aux ordres de madame... et il pleut! aussi
je l'ai fait avancer rue Vivienne... vous aurez moins long
a traverser... car le boulevard est une véritable rivière.

MADAME DELAUNAY.

Que de galanterie... Dites donc monsieur de Lucenay... je
suis bien curieuse... mais je suis femme, et c'est mon ex-
cuse... Avez-vous dans votre vie... été... je n'oserai jamais...

DE LUCENAY.

C'est donc bien?...

MADAME DELAUNAY.

Oui, pas mal... Avez-vous été aimé?

DE LUCENAY, *pensif.*

Qui sait?... Je ne le crois pas... Un caprice... plus ou
moins prolongé... tantôt pour ma fortune... tantôt...

MADAME DELAUNAY.

Pour votre bonne mine... je complète votre pensée...
Voulez-vous m'accompagner chez monsieur Durand?

DE LUCENAY.

Lequel?

MADAME DELAUNAY.

Le nôtre... j'attendais aussi monsieur Durand... je crois qu'il l'a fait exprès.

DE LUCENAY, *souriant*.

Alors ma cause est perdue... auprès de madame Delaunay.

MADAME DELAUNAY.

Pourquoi donc? avec un bon avocat?

DE LUCENAY.

Voulez-vous être le mien? me faire gagner ma cause?. .

MADAME DELAUNAY.

Nous verrons... allons d'abord chez monsieur Durand.

DE LUCENAY.

Nous sommes libres tous deux... passons-nous de lui...

MADAME DELAUNAY.

Pourquoi faire?

DE LUCENAY.

Pour nous marier... Vous m'aimez...

MADAME DELAUNAY, *lui prenant le bras*.

Vous êtes un fat.

DE LUCENAY, *lui baisant la main*.

Et vous un ange!...

MADAME DELAUNAY.

Je me vengerai... prenez garde à vous!

DE LUCENAY.

Bah! Je me risque... et d'ailleurs, je ne quitterai jamais
le droit sentier.

FINAL.

MADAME DELAUNAY.

Messieurs, à la fin de l'ouvrage,
J'ose venir, et non sans peur,
Solliciter votre suffrage
    Pour les artistes et l'auteur!
        Nos moyens,
        J'en conviens,
Sont insuffisants peut-être,
        Mais ce soir
        J'ai l'espoir
Que vous serez un bon maître.
        Sous vos lois,
        Maintes fois,
Un dramatique voyage,
        S'opéra
        Sans hourra...
Ça nous donne du courage.
        Laissez-vous
        Sans courroux
Dériver vers l'indulgence,
        Il n'est pas
        Ici-bas
De plus douce jouissance!
        Un sifflet,
        C'est bien laid,
        Et je crois
        Que je dois,
        Sous l'abri
        D'un mari,
        Préférer
        Espérer!...

ENSEMBLE.

Laissez-vous, etc.

La pièce peut se jouer sans couplets, si les artistes le désirent, en observant alors ces variantes :

(1) LUCENAY. Il a eu des malheurs dans son ménage, et il veut que tous ses amis aient le même désagrément. Aussi, etc.

(2)   SCÈNE V.

MADAME DELAUNAY, *seule.*

Maudite pluie... et pas moyen de trouver une voiture... Il est parti, le monsieur de tout à l'heure... il n'était pas mal... mais trop entreprenant... C'est drôle qu'il fût ici pour attendre le même Durand que moi... le hasard... (*Elle songe et se promène de long en large.*)

Les autres couplets se suppriment purement et simplement.

FIN.

Paris. — Typ. Morris et Comp., rue Amelot, 64.

EN VENTE A LA LIBRAIRIE DRAMATIQUE

10, rue de la Bourse, et rue des Colonnes, 9

Titre	Prix
L'Affaire Clément-sot, vaud., 1 acte..	» 60
L'Africaine pour rire, parod., 1 a....	» 60
A la Salle de police, croquis, 1 acte...	» 60
Une Amie, comédie, 1 acte en vers...	1 »
L'Amour médecin, comédie, 3 actes...	5 »
L'Article VI, vaud., 1 acte..........	1 »
A Quinze ans, vaud. 1 acte........	» 60
Aux Arrêts, com., 1 acte..........	1 »
Bas-de-Cuir, drame, 5 a. 8 tabl.......	1 50
Bettina, op. comique, 1 acte........	1 »
Le Cadeau d'un Horloger, vaud., 1 a..	» 60
Chanson de Béranger, vaud., 1 acte..	» 60
Le Chanteur florentin, sc., 1 acte....	» 60
La Charité, pièce de vers..........	» 25
La Chasse à ma femme, vaud., 1 a.....	» 60
Le Château de Rochefontaine, c., 3 a..	1 »
Un Chef-d'œuvre en sapin, fol. m., 1 a.	» 60
Le Chevalier Satan, vaud., 1 acte.....	» 60
Les Chevaliers de la Table-Ronde, o. 3 a.	1 50
Chez les Montagnards..., vaud., 1 a..	» 60
La Chouanne, drame, 5 actes........	2 »
Les 500 francs de Joseph, vaud., 1 a.	1 »
Une Circulaire filiale, vaud., 1 acte...	1 »
Comte et Marquise, vaud., 1 acte.....	1 »
Le Coup de Jarnac, drame, 5 actes....	1 50
Le Coupeur d'oreilles, dr. 5 a. 9 tabl..	» 60
La Course au corset, vaud., 2 actes..	» 60
Dans le pétrin, fol.-op. 1 a..........	» 60
Le Danseur du Roi, op.-ball., 2 a......	» 60
Les Défauts de Jacotte, opérette, 1 a..	1 »
Les Deux Arlequins, op. com., 1 a....	1 »
Le Docteur Crispin, op. bouffe, 4 a...	1 50
Un Dragon à la mamelle, vaud., 2 a.	» 60
Un Duel à trois, com., 1 a..........	» 60
Les Duperies de l'esprit, c., 1 a., vers.	1 »
L'Écaillère africaine, opérette, 1 acte.	1 »
Ldwige de Pologne, drame, 5 a., vers.	2 »
Egill le Démon, drame, 3 actes......	1 »
Entre Onze heures et Minuit, fol. 1 a.	» 60
Entrez! vous êtes chez vous! vaud. 5 a.	» 40
L'Expiation, drame, 3 actes........	1 »
Les Exploits de Sylvestre, opér., 1 a..	1 »
Un Fantôme, com.-vaud., 1 acte......	» 60
Faut nous payer ça, coupl..........	» 15
La Femme à la mode, com., 1 a.......	» 60
Les Femmes de Gavarni, scènes, 3 a...	1 »
Le Fils du Brigadier, op.-com., 3 a..	1 »
Le Fou d'en face, comédie, 1 acte...	1 »
Les Français à Lisbonne, pièce 4 act.	» 50
Francastor, opérette, 1 acte........	1 »
Françoise de Rimini, trag. 3 a., vers..	2 »
Un Gendre, comédie, 4 actes.......	2 »
Le Gentilhomme campagnard, v., 1 a..	» 60
La Grand'tante, op.-com., 1 acte.....	1 »
La Grève des Amoureux, vaud., 1 a..	» 60
Le Grillon, opérette, 1 acte.........	1 »
Griselde, drame, 3 a., vers.........	2 »
Le Hanneton du Japon, c.-v., 1 a.....	» 60
L'Héritier du Czar, drame, 5 a......	» 60
Les Idées de Beaucornet, com., 1 acte.	1 »
L'Île du prince Toutou, folie, 1 a... .	» 60
L'Île des Sirènes, revue, 8 tableaux..	» 50
Les Impressions de voyage, c.-v., 1 a.	» 60
Jean la Poste, drame, 5 a. 10 tabl...	» 50
Jeanne de Sommerive, drame, 3 a.....	2 »
Je me l' demande, revue, 5 actes.....	» 50
Je suis né coiffé, fol.-vaud., 1 a......	» 60
La Jeunesse de Charles-Quint, op.-c., 2 a.	» 60
Jeunesse et malice, vaud., 1 a........	1 »
La Lampe de Davy, com., 1 a.. vers...	1 »
Lucrèce Borgia, drame en vers.....	1 »
Le Lutin de la vallée, légende, 2 a. 3 t.	» 60
Madame Marnèfle, dr.-vaud., 5 a......	» 60
Mademoiselle Faribole, vaud., 2 a....	» 60
Le Mangeur de fer... à cheval! par., 2 a.	» 60
Une Mansarde d'étudiant, dr., 1 a., vers	1 »
Le Mariage à l'enchère, com., 1 a....	1 »
Les Marrons du feu, vaud, 2 actes...	» 60
Un Martyr de la Victoire, dr., 5 a..	» 60
Mes beaux habits, coméd., 1 a., vers..	1 »
Mesdames Montanbrèche, com., 5 a..	2 »
Les Métamorphoses de Bougival, v., 1 a.	» 60
Un Monsieur qui a perdu son mouchoir.	» 60
Mr qui veut se faire un nom, v. 1 acte.	» 60
Nicaise, opérette, 1 acte............	1 »
Nos Gens, comédie, 1 acte...........	1 »
L'Ombre d'Argentine, op. com., 1 a....	» 60
L'Orfèvre du pont au Change, dr., 5 a.	» 60
La Paix à tout prix, com., 3 a., vers.	1 50
Paul et Virginie dans une mansarde.	» 60
Pavillon vert, vaud., 1 acte..........	1 »
Un Pied dans le Crime, com., 3 a..	2 »
La Planète Vénus, fantaisie musicale.	» 30
Point d'Angleterre, vaud., 1 acte.....	1 »
Le Portrait de Séraphine, op. c., 1 a..	1 »
Prête-moi ton nom, vaud., 1 a.	» 60
15 Heures de fiacre, vaud., 2 actes...	1 »
Les Rentiers, comédie, 5 actes......	1 »
Le Retour d'Ulysse, op. bouffe, 1 a...	» 60
Rompons, opéra bouffe, 1 a..........	» 60
Rouen tan plan, tire lire, 5 a. 20 tabl..	1 »
Le Royaume des Poètes, c.-v., 3 a....	» 60
Les Sabots d'Aurore, com., 1 a......	1 »
Sacripant, op. com., 2 a............	1
Salvator Rosa, dr. 5 a. 7 tabl., in-8°.	3 »
Semer pour récolter, opérette, 1 a...	» 60
Les 7 Baisers de Buckingham, Opte, 1 a.	» 50
Simonne, opérette, 1 acte...........	» 60
La Source, ball., 3 a. 4 tabl........	1 »
Un Spahi, com.-vaud., 1 a...........	» 60
Tabarin duelliste, opérette, 1 a.......	1 »
Les Tempêtes du célibat, fol.-v., 1 a..	» 60
Le Testament d'Elisabeth, dr. 5 a....	2 »
Le Tourbillon, com., 5 a. 6 tabl......	2 »
Le 31 Décembre et le 1er Janvier, v., 2 a.	1 »
Les Turlutaines, comédie, 5 actes....	1 50
Un de perdu, une de retrouvée, c.-v., 1 a.	» 60
L'une après l'autre, vaud., 1 a.......	1 »
Une Victime de l'Exposition, v. 1 a..	» 60
La Vie à la vapeur, revue, 4 a., 6 t.	» 80
Le Wagon des Dames, com., 1 a......	1 »

—

Titre	Prix
Les Amis de César, com. rom., 3 a...	2 »
L'Anneau du Diable, com.-vaud., 2 a..	» 25
A qui la Pomme, comédie, 1 acte...	1 »
Au pied du Mur, com., 1 a...........	» 6
Azael, poëme lyrique, 1 a...........	1 »
Les Caprices de Henri IV, com., 1 a..	1 »
Le Dernier Troubadour, drame, 5 a....	1 »
Les Deux Reines de France, dr., 5 a...	1 50
El Divorcio, drama, 3 a............	1 »
Le Duc de Savoie, drame, 5 a........	1 »
La Fé Jurada, drame, 1 a...........	1 »
La Guerre des Chouans, drame, 5 a....	1 »
Un heureux Débiteur, com., 1 a......	1 »
La Lionne marseillaise, prov., 1 a.....	1 »
Le Mari de Mademoiselle, c., 1 a	1 »
Le Médecin des cœurs., com., 2 a.....	1 »
Messaline, drame, 5 actes..........	2 »
Mort d'André Vésale, monol., 1 a....	» 50
Pygmalion, poëme lyrique, 1 a.......	1 »
Une Revanche de la Guimard, c., 1 a..	1 »
Le Roi des Korigans, op. com., 1 a..	1 »
Roland dit Cœur de Veau, par., 1 a....	» 50
Les Vendanges, com., 1 a., vers.....	1 50
Washington, drame, 5 a., vers........	2 »

Paris. — Typ. Morris et Comp., 64, rue Amelot.